BEI GRIN MACHT SICH IHR WISSEN BEZAHLT

Strategische Unternehmensführung in der Gesundheitsbranche. Neuausrichtung der Marketingstrategie mit Ausrichtung am C-Level

Felicia Ripsam

Bibliografische Information der Deutschen Nationalbibliothek:

Die Deutsche Nationalbibliothek verzeichnet diese Publikation in der Deutschen Nationalbibliografie; detaillierte bibliografische Daten sind im Internet über http://dnb.d-nb.de abrufbar.

ISBN: 9783346445766
Dieses Buch ist auch als E-Book erhältlich.

© GRIN Publishing GmbH
Nymphenburger Straße 86
80636 München

Druck und Bindung: Books on Demand GmbH, Norderstedt Germany
Gedruckt auf säurefreiem Papier aus verantwortungsvollen Quellen

Das Buch bei GRIN: https://www.grin.com/document/1030738

Deutsche Hochschule für

Prävention und Gesundheitsmanagement

Hermann Neuberger Sportschule 3

66123 Saarbrücken

Einsendeaufgabe

Fachmodul:	Strategische Unternehmensführung II
Studiengang:	M.A. Prävention und Gesundheitsmanagement
Datum Präsenzphase:	02.12.2019 – 05.12.2019
Name, Vorname:	Ripsam, Felicia
Studienort:	**Saarbrücken**
Semester:	**SS 2019**

Inhaltsverzeichnis

1 BODO MÜLLERS PLAN 4

1.1 Gründe für den Wandel 4

1.2 Aspekte des Strategiewandels 5

1.3 Barrieren und Widerstände 5

2 CHANGE MANAGEMENT 6

2.1 Gründe für Scheitern 6

2.2 Veränderungen meistern 8

3 STRATEGIEIMPLEMENTIERUNG 10

3.1 Durchsetzung 10

3.2 Umsetzung 12

4 BALANCED SCORECARD 13

4.1 Ursache-Wirkungskette 13

4.2 Festlegung Ziele, Kennzahlen, Vorgaben und Maßnahmen 15

5 UNTERNEHMENSETHIK 15

5.1 Praxisbeispiel 15

5.2 Unternehmenswerte 16

5.3 Wertebruch 16

5.4 Konsequenzen 17

6 LITERATURVERZEICHNIS 18

7 ABBILDUNGS- UND TABELLENVERZEICHNIS 19

7.1 Abbildungsverzeichnis..19

7.2 Tabellenverzeichnis 19

1 Bodo Müllers Plan

Bodo Müller ist Marketing Direktor der Abteilung Vertrieb der Firma „Gesundheits- und Medizintechnik AG" in Deutschland und strebt einen Wandel der Marketingstrategie des Unternehmens an, da er eine Veränderung des Marktes und des Kundenverhaltens beobachtet.

1.1 Gründe für den Wandel

Die Neuausrichtung der Marketingstrategie soll sich zukünftig an den Herausforderungen des „C-Level" (bspw. CEO, CFO und CIO) orientieren und nicht wie bisher an den Bedürfnissen der Krankenhausärzte.
Bodo Müller führt folgende Gründe für seinen geplanten Strategiewandel an:

1. Die Einkaufsentscheidungen werden immer seltener von den Krankenhausärzten veranlasst, vielmehr nimmt der Einfluss der Krankenhausadministration in den Entscheidungsprozess einen zunehmend höheren Stellenwert ein, sodass Kaufentscheidungen auf Grundlage von ökonomischen Prinzipien getroffen werden.

2. Die niedrige staatliche Finanzierung der Krankenhäuser sowie bevorstehende Gesundheitsreformen, zwingen die Krankenhäuser zu einem wirtschaftlichen und ökonomisch effizienten Handeln. Daraus resultiert der Trend, dass bestehende Geräte eher instandgehalten werden, anstatt in neue investiert wird.

3. Aus verschiedenen weiteren Gründen wie beispielsweise das schon hohe Ausgabenniveau sowie dem Bestreben hier entgegen zu wirken, ist im Bereich der medizinischen Geräte für den deutschen Markt nur ein sehr geringes Marktwachstum zu erwarten. Demgegenüber ist das Krankenhausbudget stark begrenzt, daher müssen in Zukunft ganzheitliche Lösungen angestrebt werden, um die Effizienz in Krankenhäusern zu steigern.

1.2 Aspekte des Strategiewandels

Um den langfristigen Erfolg zu sichern, soll sich das Unternehmens durch eine veränderte Marketingstrategie an den deutschen Markt sowie an das Kaufverhalten anpassen. Dabei soll in Zukunft das „C-Level" der Krankenhäuser im Fokus des Marketings stehen. Bodo Müller versucht bei einem Meeting des Marketing-Boards die Marketing Vizepräsidenten von seinem angestrebten Strategiewandel zu überzeugen und gleichzeitig zum Handeln zu animieren. Um auch in Zukunft medizinische Geräte verkaufen zu können, sollen ganzheitliche Lösungen angeboten werden, die die allgemeine Effizienz in Krankenhäusern verbessern. Dieser Wandel ist wichtig, um den zunehmenden ökonomischen Ansprüchen der Krankenhäuser gerecht zu werden. Bodo Müller plante hierzu die Einführung eines kleinen, geschäftsbereichsübergreifenden Projekts zur Entwicklung von Ideen zu C-Level Marketing und rief eine Arbeitsgruppe ins Leben. Ein weiterer wichtiger Aspekt für den Wandel sieht Bodo Müller im Budget. Jeder der Vizepräsidenten soll ein Extra-Budget zur Durchführung der neuen Marketingstrategie zur Verfügung stellen. Der dritte wichtige Aspekt des Strategiewandels ist die Umstrukturierung der Matrixorganisation, da das C-Level Marketing nicht jeweils einzeln für die sieben Unternehmenseinheiten möglich ist. Stattdessen sollen die Produktlinien zusammengefasst werden.

1.3 Barrieren und Widerstände

Im Folgenden werden mögliche Barrieren aufgezählt, die dem von Bodo Müller initiierten Wandel entgegenstehen könnten:

1. Bodo Müller möchte, dass die Marketing Vizepräsidenten einen Anteil ihres Budgets für den Strategiewandel bereitstellen. Die VPs zögerten jedoch schon beim vierteljährlichen Treffen des Marketing-Boards, als Bodo Müller seinen Plan vorstellte, hierfür ein Budget einzuräumen. Durch die Kürzung des Budgets würden die einzelnen Marketingsegmente finanziell schlechter dastehen und könnten dadurch weniger Budget in ihre eigenen internen Vorgänge stecken.

2. Eine weitere Barriere in Bodo Müllers Plan ist, dass er nur die Marketingmanager in seinen Plan mit einbezogen hat. Die Geschäftsführung hat er außen vorgelassen, jedoch bräuchte er zur Umsetzung seines Plans gerade die Unterstützung und den Rückhalt der Geschäftsführung. Auch Mitarbeiter aus den einzelnen Segmenten hätte er in seinen Strategiewandel mit einbeziehen sollen, um sie von seinem Vorhaben zu überzeugen.

3. Bodo Müller konnte die Marketingmanager nicht von seiner Vision überzeugen. Durch sein rein rationales Handeln konnte er die Vizepräsidenten nicht emotional erreichen und somit fehlt den VPs die Motivation den Strategiewandel umzusetzen. Um die Marketingmanager von seinem Vorhaben zu überzeugen und deren Mitwirken zu erreichen muss er ihnen einen emotionalen Grund geben.

4. Da die neue Strategie eine Zusammenführung der Marketingsegmente nach sich zieht, könnten die Mitarbeiter Angst um den Verlust ihres Arbeitsplatzes haben. Auch dies könnte ein Widerstand sein, der dem von Bodo Müller initiierten Wandel entgegensteht.

2 Change Management

2.1 Gründe für Scheitern

Das 8-Stufen-Modell nach Kotter stellt einen ganzheitlichen Ansatz für einen tiefgreifenden und nachhaltigen Wandel dar. Alle acht Stufen sollen komplett und in der vorgegebenen Reihenfolge durchlaufen werden. Die acht Schritte lassen sich auch in drei Phasen einteilen: Die Schritte 1 bis 3 schaffen ein Klima für Veränderungen, die Schritte 4 bis 6 binden die gesamte Organisation ein und die letzten Schritte sorgen für die nachhaltige Umsetzung des Wandels (Diehl, 2020). Im Folgenden werden die Gründe für Bodo Müllers Scheitern anhand des 8-Stufen Modells nach Kotter dargestellt.

Tabelle 1: Gründe für das Scheitern (eigene Darstellung)

Gründe für das Scheitern		Erläuterung
Zu viel Selbstgefälligkeit	Stufe 1	Bodo Müller hat es nicht geschafft ein Gefühl der Dringlichkeit bei den Marketing Vizepräsidenten zu wecken. Es war ihm auf rein sachlicher Ebene gelungen, überzeugende Fakten und Zahlen zu präsentieren, jedoch hat er es nicht geschafft sie auch auf emotionaler Ebene anzusprechen. Damit fehlt den VPs die Motivation, den Strategiewandel mit umzusetzen.
Es fehlt eine ausreichend starke Erneuerungs- bzw. Führungskoalition	Stufe 2	Bodo Müller hat für seinen Plan des Strategiewandels nur das Marketing involviert, die Geschäftsleitung sowie die anderen Mitarbeitenden hat er außen vorgelassen. Somit fehlt ihm der Rückhalt und von oben und die nötige Durchsetzungskraft.
Die Kraft der Vision wird unterschätzt	Stufe 3	Bodo Müller hat es versäumt in seinem Vorhaben eine Verknüpfung zwischen Vision und Strategie herzustellen: Er stellt in seiner Präsentation keine strategische Vision zur Zielerreichung vor. Die Vision hätte er als Werkzeug nutzen können, um die Mitarbeiter zu überzeugen und mitzureißen.
Mangelnde Kommunikation der Vision	Stufe 4	Durch das fehlende Einbeziehen der Geschäftsleitung und der restlichen Mitarbeiter, wurde der geplante Wandel verbunden mit einer neuen Vision nicht in höhere und tiefere Hierarchieebenen kommuniziert. Dadurch konnte keine Akzeptanz des Strategiewandels im Gesamtunternehmen und bei allen Mitarbeitern gewonnen werden.

2.2 Veränderungen meistern

Tabelle 2: Das 8-Beschleuniger-Modell nach Kotter (eigene Darstellung)

Stufe	Lösungsempfehlung	Begründung
Stufe 1	Gefühl der Dringlichkeit für eine bedeutende Chance wecken	Bodo Müller hätte sich in seiner Verhandlung mit den Vizepräsidenten auf das Harvard-Konzept stützen müssen, indem er nicht seine Position mit der Position der Vizepräsidenten gegenüberstellt, sondern das hinter den Positionen gemeinsame Interesse herausarbeitet: Den langfristigen Unternehmenserfolg. Er hätte die Vizepräsidenten emotional erreicht, wenn er die Konsequenzen aufzeigt hätte, die auf das Unternehmen zukommen würden, wenn der Strategiewandel verpasst wird. Darüber hinaus hätte Müller auch die Geschäftsleitung von der Dringlichkeit des Wandels überzeugen müssen. Mit dem Rückhalt des Vorstands und die damit verbundene Kommunikation in die unteren Hierarchieebenen wäre im ganzen Unternehmen ein Gefühl der Relevanz entstanden.
Stufe 2	Aufbau und Pflege einer lenkenden Koalition	Für seine Arbeitsgruppe hätte Bodo Müller Mitarbeiter aus unterschiedlichen Abteilungen und Unternehmensbereichen einbeziehen sollen. Zudem hätte er Personen aus der Führungsebene integrieren müssen, die über Entscheidungsgewalten verfügen und den Wandel aktiv leben bzw. in tiefere Hierarchieebenen kommunizieren.
Stufe 3	Formulierung einer strategischen Vision und Entwicklung von Change-Initiativen	Bodo Müller hätte eine konkrete Vision für das C-Level- Marketing entwickeln müssen sowie ein grobes Konzept aufstellen müssen, um seine geplanten Maßnahmen und deren Resultate zu veranschaulichen. Mithilfe der Vizepräsidenten hätte er dann eine gemeinsame Strategie entwerfen müssen, um deren Vorschläge zu berücksichtigen damit sich jeder mit der Strategie bzw. Vorgehensweise identifizieren kann.

Stufe 4	Kommunikation der Vision und der Strategie, um Unterstützung und Freiwillige zu gewinnen	Um Unterstützung für seinen Wandel zu bekommen hätte Bodo Müller eine mit Leben gefüllte Vision ausarbeiten sollen und diese kreativ, auf Grundlage seiner Zahlen und Fakten, präsentieren müssen. Durch eine auf den Punkt gebrachte Vision, die ehrlich kommuniziert wird, finden sich auch schnell freiwillige Unterstützer. So hätte er die Belegschaft für sich gewinnen können.
Stufe 5	Beseitigung von Hindernissen, um ein rasches Vorankommen zu ermöglichen	Bodo Müller hätte den Vizepräsidenten gegenüber versichern müssen, dass sie weiterhin über Entscheidungsgewalt verfügen und in ihrem Handeln durch den Strategiewandel nicht eingeschränkt werden. Das Zögern der Vizepräsidenten, ein gewisses Budget für den geplanten Wandel zur Verfügung zu stellen, könnte auf ihrer eigenen Ergebnisverantwortung beruhen. Sie könnten Sorge darüber haben, dass sie durch die Budgetkürzung ihre eigenen Abteilungsziele nicht mehr erreichen können. Hätte Müller die Geschäftsleitung in die Planung des Strategiewandels mit einbezogen, hätte diese das Projekt über die Leistungsziele der einzelnen Abteilungen stellen können und somit würde die Umsetzung des Strategiewandels für die Vizepräsidenten an Relevanz gewinnen.
Stufe 6	Zelebrieren von schnellen, bedeutenden Erfolgen	Drei Monate später, beim erneuten Treffen des Marketing-Boards hätte Bodo Müller die bisherigen Erfolge präsentieren sollen, anstatt den Fokus auf den geringen Fortschritt der Arbeitsgruppe zu legen. Durch diesen Vorwurf den VPs gegenüber haben sie sich angegriffen gefühlt und ihr Engagement wurde endgültig zerstört. Sie haben eine Abwehrhaltung eingenommen und wehrten sich gegen den Strategiewandel, indem sie betonten, dass andere Themen im Augenblick Vorrang hätten.
Stufe 7	Nicht nachlassen, stets weiter lernen und nicht zu früh den Sieg ausrufen	Nach dem schleppenden Fortschritt der Arbeitsgruppe hätte Bodo Müller die Situation neu bewerten müssen. Er hätte weitere Mitarbeiter aus anderen Unternehmensbereichen mobilisieren müssen und in die Ar-

		beitsgruppe mit integrieren sollen. Neue Mitarbeiter bringen neue Ideen mit, welche den Strategiewandel vorantreiben können.
Stufe 8	Institutionalisierung des strategischen Wandels in der Unternehmenskultur	Damit der Wandel langfristig in die tägliche Unternehmensarbeit integriert wird, muss sich der neue Kurs in die Unternehmenskultur verankern. Um die Mitarbeiter zu motivieren, hätte Bodo Müller in Zusammenarbeit mit der Geschäftsleitung ein Belohnungssystem einführen können. Für besondere Leistungen und Engagement im C-Level-Marketing werden Prämien an die Mitarbeiter vergeben. Außerdem hätte man Ideen- bzw. Innovationswettbewerbe ins Leben rufen können, um tagtäglich neue Vorgehensweisen zu entwickeln, die das C-Level-Marketing betreffen.

3 Strategieimplementierung

3.1 Durchsetzung

In der Durchsetzungsphase der Strategieimplementierung sind folgende drei Maßnahmen zu berücksichtigen: Vermittlung der Strategie, Einweisung und Schulung und die Schaffung eines strategiebezogenen Konsenses (Welge & Al-Laham, 2012, S. 807-809).

1. **Vermittlung der Strategie:**

   Um die Strategie erfolgreich im gesamten Unternehmen zu vermitteln, muss sie in alle Hierarchieebenen kommuniziert werden: Die Mitarbeiter müssen über die Ziele und Inhalte der Strategie aufgeklärt werden. Im ersten Schritt sollte sich Bodo Müller daher den Konsens und den Rückhalt der Geschäftsleitung einholen und mit dem Vorstand zusammen beim vierteljährlichen Treffen des Marketing-Boards die neue Strategie und Unternehmensvision den Vizepräsidenten auf Grundlage von Zahlen und Fakten präsentieren. Um jedoch die gesamten Mitarbeiter des Unternehmens zu erreichen, wäre es sinnvoll in jeder Abteilung eine Fortbildungsschulung für die Mitarbeiter durchzuführen. Darin sollte die Wichtigkeit des Strategiewandels dargestellt werden, die Relevanz für den langfristigen Unternehmenserfolg, sowie die Auswirkungen auf die einzelnen Abteilungen. Die Mitarbeiter sollten unbedingt emotional erreicht werden, da der langfristige Unternehmenserfolg von ihnen abhängt.

2. **Einweisung und Schulung:**

Damit sich die Gesundheits- und Medizintechnik AG in Zukunft auf das C-Level-Marketing spezialisieren kann, müssen die Mitarbeiter, vor allem die Vizepräsidenten, in diesem Bereich geschult werden. Hierzu können verschiedene Fortbildungsangebote von beispielsweise externen Fachkräften, die eine lange Expertise in diesem Bereich aufweisen, durchgeführt werden. Darüber hinaus sollten auch abteilungsübergreifende Weiterbildungsmaßnahmen stattfinden. Außerdem sollte ein regelmäßiges Monitoring über die Umsetzung der Fortbildungen in die Praxis erfolgen und gegebenenfalls über eine weitere Personalbeschaffung nachgedacht werden.

3. **Schaffung eines strategiebezogenen Konsenses:**

Eine neue Strategieimplementierung bringt meist auch Konflikte zwischen Abteilungen sowie unter Mitarbeitern mit sich. Um diese Konflikte zu deeskalieren sowie erfolgreich zu bewältigen, sollte zusätzlich ein nachhaltiges Konfliktmanagement implementiert werden. Dadurch können Konflikte entsprechend gehandhabt, gelöst und die positiven Effekte von Konflikten nutzbar gemacht werden (Welge & Al-Laham, 2012, S. 809).

Der hier vorliegende Implementierungsstil beruht auf dem Kulturmodell: Das Management hat eine Strategie vorgegeben und übernimmt im weiteren Verlauf die Rolle eines Trainers, der die Umsetzung der Strategie durch die Verankerung der Vision fördert (Welge & Al-Laham, 2012, S. 809-811).

3.2 Umsetzung

Die Phase der Umsetzung hat das Ziel, einen reibungslosen Ablauf zu gewährleisten und ist sachbezogen ausgerichtet. Wichtig hierbei ist die strategiebezogene Ausrichtung der Erfolgsfaktoren, die Spezifikation der Strategien und die Formulierung von Maßnahmenprogrammen (Corsten & Corsten, 2012, S. 209). Folgende Aufgaben sind im Rahmen der Umsetzungsphase zu bearbeiten: Die Transformation von strategischen Entscheidungen in konkrete Aktionen, Anpassung der Unternehmensstruktur und die Motivierung und Mobilisierung der Mitarbeiter (Bamberger & Wrona, 2012, S. 476).

1. **Transformation:**

   Um den geplanten Strategiewandel umzusetzen, müssen klar definierte Maßnahmen festgelegt werden. Bodo Müller sollte zusammen mit der Geschäftsleitung den Inhalt und die Ziele des Projektteams ausarbeiten sowie eine zeitliche Begrenzung festlegen. Anschließend sollten die Verantwortlichkeiten im weiteren Prozedere bestimmt werden sowie die Höhe der anfallenden Kosten berechnet werden. Darüber hinaus sollte ein fester Endzeitpunkt des Projekts gewählt werden, an welchem die neue Strategie in die Unternehmenskultur implementiert sein sollte.

2. **Anpassung:**

   Im nächsten Schritt muss die bestehende Organisationsstruktur der neuen Strategieausrichtung angepasst werden. Das heißt konkret, dass nicht mehr die Vizepräsidenten der einzelnen Produktlinien ihre eigenen Marketingmaßnahmen entwickeln und umsetzen, sondern eine bereichsübergreifende Abteilung dafür geschaffen werden muss. Aus der Projektgruppe heraus sollte also eine Marketingabteilung wachsen, da das C-Level Marketing nur abteilungsübergreifend realisiert werden kann. Anschließend sollten Führungskräfte der Marketingabteilung bestimmt werden, welche die neue Strategie des C-Level Marketings nachhaltig in die Unternehmenskultur implementieren.

3. **Motivierung und Mobilisierung:**

Um die Mitarbeiter erfolgreich zu motivieren und zu mobilisieren, ist im ersten Schritt die Arbeit der Führungsebene von besonderer Bedeutung. Durch den Implementierungsstil „Kulturmodell" übernimmt das Management die Rolle eines Trainers und sollte hierdurch Einfluss auf die Motivation im Team nehmen.

Um das Ziel „Akzeptanz für die Strategie" zu erreichen, sollte eine geeignete Implementierungstaktik eingesetzt werden (Raps, 2004, S. 35-36). Hierzu eignet sich am besten die Interventionstaktik, da sie die höchste Erfolgsquote besitzt (Raps, 2004, S. 37). Neben der Implementierungstaktik sollten auch Implementierungsin- strumente u.a. Value-to-Customer, Instrumente der Marktkommunikation oder Kundenbindungsmaßnahmen genutzt werden (Gathen & Simon, 2010, S. 277-368). Darüber hinaus sollte Bodo Müller zusammen mit der Geschäftsleitung kleine sichtbare Erfolge der Belegschaft kommunizieren sowie Mitarbeiter für besonderes Engagement auszeichnen. Durch die Schaffung eines Anreizsystems bleiben Mitarbeiter langfristig motiviert.

4   Balanced Scorecard

4.1   Ursache-Wirkungskette

In dem Konzept der Balanced Scorecard werden die traditionellen finanziellen Kennzahlen durch eine Kunden-, eine interne Prozess- und eine Lern- und Entwicklungsperspektive ergänzt. Sie ist ein Verbindungsglied zwischen Strategiefindung und -umsetzung. Die finanzielle Perspektive zeigt, ob die Implementierung der Strategie zur Verbesserung der Rentabilität beiträgt. Die Perspektive der Kunden reflektiert die strategischen Ziele des Unternehmens, um eine Rentabilität zu gewährleisten. Die Prozessperspektive hat die Aufgabe, diejenigen Prozesse abzubilden, die von Bedeutung sind, um die Ziele der Kundenperspektive zu erreichen. Die Lern- und Entwicklungsperspektive beschreibt die notwendige Infrastruktur, um die Ziele der ersten drei Perspektiven zu erreichen (Springer Gabler, 2020).

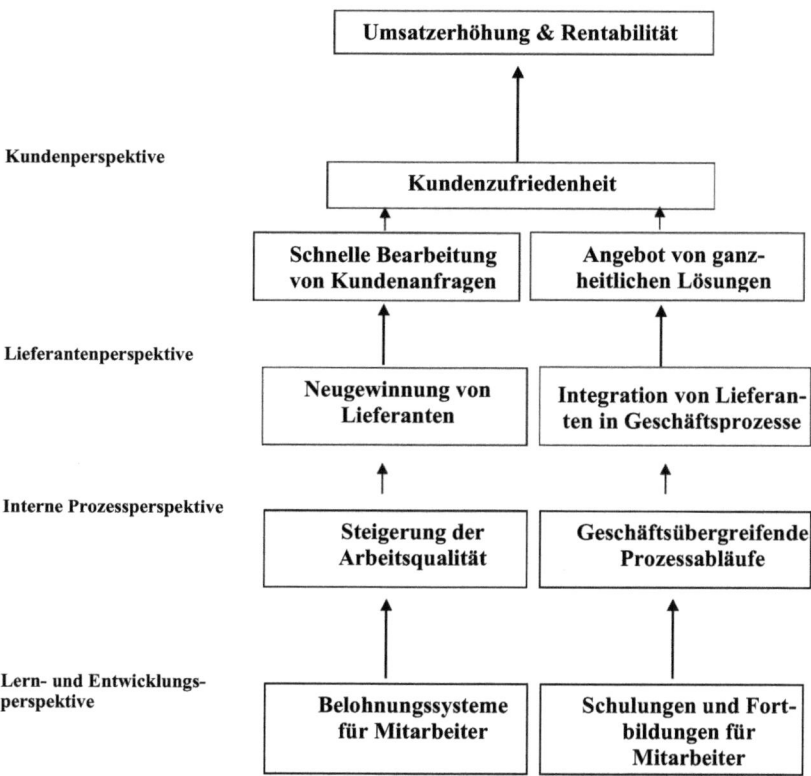

Finanzperspektive

Umsatzerhöhung & Rentabilität

Kundenperspektive

Kundenzufriedenheit

Schnelle Bearbeitung von Kundenanfragen

Angebot von ganzheitlichen Lösungen

Lieferantenperspektive

Neugewinnung von Lieferanten

Integration von Lieferanten in Geschäftsprozesse

Interne Prozessperspektive

Steigerung der Arbeitsqualität

Geschäftsübergreifende Prozessabläufe

Lern- und Entwicklungsperspektive

Belohnungssysteme für Mitarbeiter

Schulungen und Fortbildungen für Mitarbeiter

Abbildung 1: Ursache-Wirkungskette nach Bodo Müllers Strategie (eigene Darstellung)

14

4.2 Festlegung Ziele, Kennzahlen, Vorgaben und Maßnahmen

Tabelle 3: Ziele, Kennzahlen, Vorgaben und Maßnahmen (eigene Darstellung)

Perspektive	Ziele	Kennzahlen	Vorgaben	Maßnahmen
Finanzen	Langfristige Rentabilität	Rentabilität in %	Rentabilität von 10% auf 15% steigern	Steigerung der Rentabilität durch das Angebot von neuen Leistungen
Kunden	Neukundengewinnung	SOLL-IST Bestand	20% Neugewinnung	Gezieltes „C-Level"-Marketing
Lieferanten	Neugewinnung von Lieferanten	SOLL-IST Bestand	Fünf neue Lieferanten gewinnen	Durch geschäftsübergreifende Prozessabläufe neue Lieferanten gewinnen
Interne Prozesse	Optimierung der Prozessabläufe	Abwicklung von Kundenanfragen pro Monat	Steigerung der Kundenabwicklung um 10% pro Monat	Analyse der internen Prozessabläufe, Schwachstellen aufdecken und optimieren
Lernen und Entwicklung	Qualifikation der Mitarbeiter	Fortbildungen pro Mitarbeiter	Je nach Führungsebene fünf bis zehn zusätzliche Weiterbildungs-tage im Jahr	Fortbildungen für Mitarbeiter anbieten, sowie Anreizsysteme schaffen

5 Unternehmensethik

5.1 Praxisbeispiel

Der Konzern Nestlé verdient sehr gut an dem Geschäft mit dem Wasser – die Schweizer sind Marktführer für in Flaschen abgefülltes Trinkwasser. Dafür hat Nestlé weltweit Wasserrechte gekauft, sogar auch in sehr trockenen Regionen Afrikas. Der Verwaltungspräsident Peter Brabeck-Letmathe gab in einem Interview außerdem bekannt, dass seiner Meinung nach Wasser kein öffentliches Gut ist und der Zugang zu Wasser kein

Menschenrecht sei, sondern Wasser einen Marktwert habe (Stern, 2015). Das Aufkaufen von Wasserrechten ermöglicht Nestlé Wasser direkt aus dem Grundwasser abzupumpen. Dieses Wasser wird dann gereinigt, in Plastikflaschen abgefüllt und von Nestlé teuer verkauft. Dort, wo das Wasser also eh schon knapp ist, pumpt Nestlé es ab und verdient Geld damit. Allein in Südafrika besitzt Nestlé elf Standorte. Durch die schwere Dürre herrscht dort eine Wasserkrise (Handelsblatt, 2019).

5.2 Unternehmenswerte

Auf der Homepage von Nestlé wirbt das Unternehmen mit einer Auszeichnung der Hilfsorganisation Oxfam, die Nestlé ein gutes Wassermanagement bestätigt. Darüber hinaus heißt es, dass sie sich zu einer nachhaltigen Nutzung von Wasserressourcen verpflichten, sowie um die permanente Verbesserung ihres Wassermanagements bemüht sind. Ein weiterer Unternehmenswert der auf der Homepage zu finden ist, ist die Achtung der Menschenrechte: Hier heißt es, dass Nestlé voll und ganz die Grundsätze der Global-Compact-Initiative der Vereinten Nationen (UNGC) zu Menschen- und Arbeitsrechten unterstützt und durch die Achtung der Menschen- und Arbeitsrechte im Rahmen ihrer Geschäftätigkeit mit gutem Beispiel voran gehen möchte. Im Bezug auf „Ökologische Nachhaltigkeit" verspricht Nestlé, dass sie sich zu umweltschonenden Geschäftsmethoden verpflichten, indem sie in allen Stufen des Produktlebenszyklus nach einer effizienten Nutzung natürlicher Ressourcen streben. Außerdem wirbt Nestlé da- mit, dass sie dazu beitragen die landwirtschaftliche Produktion sowie den sozialen und wirtschaftlichen Status von Bauern und ländlichen Gemeinschaften zu verbessern (Nestlé Deutschland, 2020).

5.3 Wertebruch

Nestlé wirbt auf ihrer Homepage mit einer nachhaltigen Nutzung von Wasserressourcen und einem guten Wassermanagement. Die Realität sieht aber ganz anders aus: In Äthiopien werden pro Stunde 50.000 Liter Wasser in Flaschen abgefüllt, gleichzeitig sind dort 42 Millionen Menschen ohne Trinkwasser und es herrscht eine Dürreperiode. Weitere Wasserfabriken befinden sich in Südafrika, neben den Fabriken gibt es kein fließendes Wasser, sodass die Menschen dort oft mehrere Stunden zurücklegen müssen, um an Wasser zu kommen, welches dann oft noch verschmutzt ist und krank macht (Focus, 2018).

Darüber hinaus beschreibt sich Nestlé als umweltschonend: Sie möchten die landwirtschaftliche Produktion fördern sowie den sozialen Status von Bauern und ländlichen Gemeinschaften verbessern: In Südafrika befindet sich ein Slum direkt neben der Wasserfabrik. Für die Slumbewohner gibt es kein Wasser. Nestlé pumpt hier täglich 282.000 Liter Wasser ab. Die Menschen dort leben inmitten von Müll und Ratten, die Toiletten haben kein Wasseranschluss und es gibt kein fließendes Trinkwasser (Gebende Hände, 2017). Jedoch kann ohne Wasserzufuhr die landwirtschaftliche Produktion nicht verbessert werden.

5.4 Konsequenzen

Tabelle 4: Konsequenzen für externe und interne Stakeholder (eigene Darstellung)

	Stakeholder	Konsequenzen
Extern	Kunden	• Wechseln zur Konkurrenz • Fehlendes Vertrauen • Nachfrage sinkt • Verbreiten den schlechten Ruf der Firma
	Kooperationspartner	• Springen ab • Nehmen die Produkte von Nestlé aus dem Sortiment
Intern	Mitarbeiter	• können sich nicht mehr mit Arbeitgeber identifizieren • suchen sich einen neuen Arbeitgeber
	Führungspersonal	• stehen negativ in der Öffentlichkeit dar • müssen evtl. Rechtsfolgen tragen • verlieren an Glaubwürdigkeit

6 Literaturverzeichnis

Bamberger, I., & Wrona, T. (2012). *Strategische Unternehmensführung. Strategien, Systeme, Prozesse* (2.Aufl). München: Vahlen.

Corsten, H. &. Corsten, M. (2012). *Einführung in das strategische Management* (Bd. 8487). Konstanz: UVK Universitätsverlag.

Diehl, A. (2020*). John Kotter's 8 Stufen Modell für erfolgreiche Veränderungen.* Zugriff am 09.02.2020. Verfügbar unter https://digitaleneuordnung.de/blog/kotter-modell/

Focus Online (2018). *Nestlé und Wasser: Was Sie darüber wissen sollten.* Zugriff am 08.02.2020. Verfügbar unter https://praxistipps.focus.de/nestle-und-wasser-was-sie-darueber-wissen-sollten_103813

Gathen, A. v. d. & Simon, H. (2010). *Das große Handbuch der Strategieinstrumente. Werkzeuge für eine erfolgreiche Unternehmensführung* [Online-Ausg.]. Frankfurt, M. [u.a.]: Campus Verlag.

Gebende Hände (2017). *Äthiopien: Nestlé gräbt den Menschen das Wasser ab.* Zugriff am 09.02.2020. Verfügbar unter https://www.gebende-haende.de/n5085.html

Handelsblatt GmbH (2019). *Warum Nestlé so unbeliebt ist.* Zugriff am 06.02.2020. Verfügbar unter https://orange.handelsblatt.com/artikel/40262

Nestlé Deutschland (2020). *Nestlé Unternehmensgrundsätze.* Zugriff am 07.02.2020. Verfügbar unter https://www.nestle.de/unternehmen/grundsaetze/nestle-unternehmensgrundsaetze

Raps, A. (2004). *Erfolgsfaktoren der Strategieimplementierung. Konzeption und Instrumente* (2., aktualisierte Aufl). Wiesbaden: Dt. Univ.-Verl.

Springer Gabler (2020). *Balanced Scorecard.* Zugriff am 10.02.2020. Verfügbar unter https://wirtschaftslexikon.gabler.de/definition/balanced-scorecard-28000

Stern (2015). *Diese Skandale ruinieren Nestlé das Image.* Zugriff am 06.02.2020. Verfügbar unter https://www.stern.de/wirtschaft/news/nestl%C3%A9--die-skandale-der-vergangenen-jahre-6475346.html

Welge, M. K. & Al-Laham, A. (2020). *Strategisches management. Grundlagen - Prozessimplementierung.* [S.I.]. Gabler.

7 Abbildungs- und Tabellenverzeichnis

7.1 Abbildungsverzeichnis

Abbildung 1: Ursache-Wirkungskette nach Bodo Müllers Strategie (eigene Darstellung) 14

7.2 Tabellenverzeichnis

Tabelle 1: Gründe für das Scheitern (eigene Darstellung) 7
Tabelle 2: Das 8-Beschleuniger-Modell nach Kotter (eigene Darstellung) 8
Tabelle 3: Ziele, Kennzahlen, Vorgaben und Maßnahmen (eigene Darstellung) 15
Tabelle 4: Konsequenzen für externe und interne Stakeholder (eigene Darstellung) 17

BEI GRIN MACHT SICH IHR WISSEN BEZAHLT

- Wir veröffentlichen Ihre Hausarbeit,
  Bachelor- und Masterarbeit

- Ihr eigenes eBook und Buch -
  weltweit in allen wichtigen Shops

- Verdienen Sie an jedem Verkauf

Jetzt bei www.GRIN.com hochladen
und kostenlos publizieren